ARTICLES

ET

CAUSERIES

PUBLIÉS DANS LE MÉMORIAL ARTÉSIEN

(OCTOBRE, NOVEMBRE, DÉCEMBRE 1874)

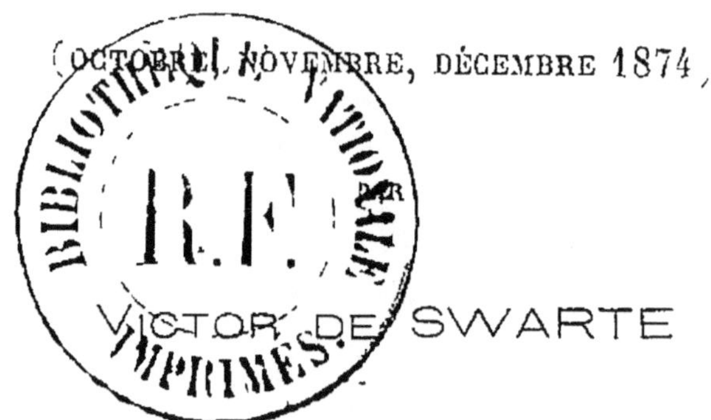

VICTOR DE SWARTE

I

SAINT-OMER

IMPRIMERIE DE FLEURY-LEMAIRE, RUE DE WISSOCQ

NOS MORTS

———

Il y a quatre ans, à pareille époque, toute la jeunesse française était sous les drapeaux, essayant de repousser la formidable invasion que l'Empire nous avait attirée.

Malgré les malheureux combats du début de la campagne, l'*espérance*, cette illusion si nationale, survivait dans tous les cœurs ; la bravoure héroïque de l'armée livrait à Sedan son dernier assaut. A l'heure où tous brulaient d'égaler leurs aïeux ; quand la mitraille sifflait et que notre armée était de toutes parts, circonvenue par les batteries allemandes, un cri monstrueux se fit entendre.... : l'instinct de la conservation étouffait le dévouement, le *je veux vivre* faisait taire les canons.

C'est alors qu'au milieu des morts et des blessés qui râlaient sur la dure, l'empereur Napoléon III rendit son épée au roi Guillaume.

Le dernier regard des soldats expirants a vu cet homme funeste se constituant prisonnier, lui qui avait déclaré la guerre ; il a empoisonné de honte la dernière pensée de ces héros qui succombaient pour la Patrie.

*
* *

Les serviteurs de l'Empire se mirent aussitôt en fuite, et de nouvelles armées se formèrent en province. Il s'est trouvé des gens assez mal inspirés pour jeter le ridicule sur ces soldats improvisés ; des fuyards ont bafoué le soufle patriotique qui nous disait d'espérer.

Car la France espérait encore, et le maréchal Bazaine, avec son armée de Metz, semblait devoir relever notre drapeau tombé à Sedan.

Qui de nous ne se souvient du frisson furieux et sinistre qui traversa tout notre pays lorsque la nouvelle de la capitulation de Metz nous fut annoncée ?

Quelques vieux braves purent cacher sous leurs tuniques les déchirures de nos drapeaux, que

Bazaine rendait au vainqueur ; puis commença ce long défilé, cette marche funèbre de notre gloire.

Les privations, les maladies firent périr dans les forteresses allemandes ceux qui ne demandaient qu'a répandre leur sang sur les champs de bataille.

*
* *

Et nous, le 2 novembre 1870, nous entendions le tintement des cloches qui appelaient les chrétiens à prier pour les morts. A la veille des combats livrés par nos armées improvisées, nous pensions aux braves qui avaient déjà payé leur dette à la Patrie.

Il me souvient de la petite bourgade du Nord, où nous étions cantonnés, et je me rappelle un jeune sous-lieutenant de mobiles, âgé de 20 ans à peine, qui me faisait ce jour-là ses réflexions sur le passé et sur l'avenir. Cette commune pensée qui nous unissait aux morts d'alors, est, hélas ! aujourd'hui la seule amitié qui nous reste…: Son corps a été retrouvé sur le champ de bataille de St-Quentin, entouré de tant d'autres de ses camarades.

*
* *

Tous nous avons de ces deuils à pleurer. Les soldats morts les armes à la main, les mères, les épouses que la tendre sollicitude pour nous et le chagrin nous a enlevées, les avons-nous oubliées ? Pouvons-nous renier cette élévation de sentiments qui a toujours caractérisé nos compatriotes? — Non, nous mêlerons nos larmes pour pleurer ceux que l'Empire nous a ravis, mais avant cela, nous devons à l'honneur, nous devons à la Patrie, nous devons à nous-mêmes et à ceux qui viendront après nous, d'empêcher le retour de ce gouvernement, qui n'a laissé autour de nous que deuil et trépas.

Un ancien capitaine de mobiles
de l'armée du Nord.

Saint-Omer, le 1er novembre 1874.

BIBLIOGRAPHIE

(M. J. Bourrel). Traité complet de la *Rage*, chez le
chien et chez le chat. — Moyen de s'en préser-
ver. — Paris. Barba. 1874.

Depuis longtemps déjà nous aurions voulu tenir
nos lecteurs au courant de cette intéressante publi-
cation ; malheureusement, le livre lui-même si bon
soit-il, plaide mal sa cause, lorsque les mille pré-
occupations du journalisme viennent accaparer la
plume du rédacteur chargé de la bibliographie.

L'ouvrage de M. Bourrel est de tous points excellent ; d'ailleurs, le passé de l'habile praticien,
témoigne en faveur d'une haute compétence sur cet
important sujet.

Son traité est divisé en quatre parties, dont les

trois premières sont consacrées aux symptômes, aux causes, au développement de la rage et aux moyens de la combattre, la quatrième s'occupe spécialement d'un phénomène de rabisme heureusement peu fréquent : nous voulons parler de la rage chez le chat.

M. Bourrel n'a eu à en constater qu'un cas et sauf une dame qui a été mordue à la figure par un chat enragé, aucun autre fait de transmission de rage n'a été porté à sa connaissance. — L'influence des désirs génésiques, les causes de propagation de la terrible maladie y sont étudiées comme ces sujets le comportent.

L'ouvrage de M. Bourrel mériterait, ce semble, d'être recommandé par M. le ministre de l'intérieur, aux préfets qui en conseilleraient la lecture aux maires des communes.

La voix d'un praticien est toujours utile à entendre, lorsqu'il s'agit d'un fait qui intéresse à un si haut point le public, et motive chaque année tant d'arrêtés préventifs. A ce titre, la troisième partie serait la meilleure à parcourir, car après l'étude de l'hygiène de la rage, M. Bourrel y passe en revue la cautérisation, l'abattage, puis les moyens préservatifs, la muselière, et surtout *la resection*, qui est la méthode spéciale à l'écrivain et consiste dans *l'émoussement des dents.*

M. Bourrel remarquant, en effet, que jamais les herbivores n'étaient atteints de rabisme à cause de leurs dents en couronnes, conçut l'ingénieuse idée d'émousser la denture des chiens et constata qu'après cette opération la morsure n'était plus contagieuse.

Nous doutons pourtant, avouons-le, que cette méthode soit appelée à être généralement pratiquée, par les amateurs de chiens, qui considèrent la denture non-seulement comme l'arme du chien de garde, mais aussi comme le plus bel ornement du chien de race.

Saint-Omer, le 13 novembre 1874.

LES
LOIS CONSTITUTIONNELLES

Le 8 février 1871, la France nommait une Assemblée.

Pénétrée du but de son mandat qui était de traiter avec l'Allemagne, cette assemblée, négligeant les traditions de tous les corps délibérants, ne procéda même pas à la vérification de ses pouvoirs.

M. Thiers nommé d'abord chef du pouvoir exécutif, puis, après le vote de la Constitution Rivet, président de la République, eut la pénible mission de signer avec nos vainqueurs, le lourd traité de paix de Francfort.

L'habile et patriotique vieillard, prépara l'évacuation anticipée du territoire, grâce à l'opération colossale d'un emprunt 14 fois couvert.

Son ministère et lui présentèrent ensuite un projet de lois constitutionnelles, que l'Assemblée repoussa. — M. Thiers et son ministère, donnèrent leur démission.

La Constitution Rivet permettait bien à M. Thiers de se maintenir au pouvoir, il en préféra descendre plus grand que jamais lançant à M. de Broglie cette prophétique parole : « Vous serez les protégés de l'Em-
» pire. »

Depuis le 24 mai 1873, M. le maréchal de Mac-Mahon administra le pays sous le titre de Président de la République, et, le 20 novembre, la durée de ses pouvoirs fut fixée à 7 ans.

Les compétitions monarchiques qui avaient travaillé le pays pendant toute la durée des vacances parlementaires, durent cesser de s'étaler au grand jour, à la suite du vote du *Septennat*.

Restait à organiser ce nouveau pouvoir.

Le pays demandait des lois constitution-nelles.

Pour ce grand'œuvre, la Commission des Trente élabora pendant six mois, un volumineux travail, qui a été accueilli comme nous savons, au mois de mai dernier : M. de Broglie avait lu, la veille de sa chûte, ce projet qui donnait tout au plus satisfaction au centre droit. — La droite et l'extrême droite, la gauche et l'extrême gauche se taisaient, le centre gauche protestait.

Le nouveau ministère voulut, dès son arrivée aux affaires, hâter le vote des lois constitutionnelles, mais, la proposition Casimir Périer, qui déterminait la forme de l'article premier de ce projet, fut repoussée. — L'Assemblée en ajourna la discussion à la rentrée de novembre et prit des vacances qui auraient pu être mieux méritées.

A la veille de la réouverture du palais de Versailles, nous ne pouvons nous empêcher de jeter un regard sur le passé et sur l'avenir.

L'Assemblée, toujours si divisée sur la question de dissolution, s'aperçoit aujourd'hui que les restrictions apportées par elle au suffrage universel, n'en amènent pas moins les mêmes résultats, presque toujours favorables à la cause républicaine tant pour les élections législatives que pour le conseil départemental.

Elle demeure pourtant de plus en plus ce qu'elle fût toujours : Ennemie de la dissolution, et n'osant même pas délimiter la durée de son mandat.

La confection des lois constitutionnelles a atteint son dernier et fatal délai.

Espérons que la politique patronnée par M. le maréchal de Mac-Mahon dans ses voyages de l'Ouest et du Nord, sera acceptée par l'Assemblée, et présidera au projet de lois constitutionnelles que nous réserve le ministère de M. de Cissey.

Saint-Omer, le 15 novembre 1874.

L'INSTRUCTION

ET L'INDÉPENDANCE MORALE

———

Le principal bienfait de l'instruction consiste évidemment dans une somme de connaissances acquises qui permette à tout citoyen de se rendre un compte exact de ses propres affaires et aussi de comprendre la portée morale des lois et des institutions de son pays.

La lecture, l'écriture, le calcul sont des armes précieuses pour la gestion des affaires personnelles, elles sont aussi des moyens pour pénétrer dans le domaine de la vie publique qui doit intéresser tous les membres d'une même nation.

Mais, il est un avantage que l'on a pas toujours suffisamment mis en évidence ; nous voulons parler de *l'indépendance* que l'instruction assure à celui qui jouit de ses bienfaits.

Le sentiment natif d'une aveugle crédulité disparaît devant le contrôle qu'amènent fatalement les luttes contradictoires de chaque jour et d'autre part, comme le but de ces débats pacifiques est d'améliorer le sort de tous, il en résulte, que les polémistes sont forcés, pour convaincre, de se servir d'arguments clairs et précis, et non point d'user de récriminations mal fondées ni de propos de haine et de calomnie.

En ce sens, la sincérité y gagnera tout le terrain que la passion aura perdu, et l'homme deviendra indépendant dans le sens élevé du mot, puisque l'instruction aura développé en lui les sentiments si nobles de sa propre personnalité.

Transportons-nous, maintenant dans le domaine de la pratique et nous nous demanderons avec tous les hommes sensés, quelle peut-être la valeur morale de ces cohortes d'électeurs qui s'en vont demander le mot d'ordre à un homme qu'ils considèrent comme leur tuteur ? L'on me répondra que

tous les partis en àgissent de même : à ceci
il nous sera permis d'objecter que chacun
connait les partis qui en abusent surtout et
de tirer cette conclusion que la généralisa-
tion d'un abus doit être un motif de plus
pour la suppression de cet abus.

Le parti républicain réclame chaque jour
la vulgarisation de l'instruction comme re-
mède à ce mal ; en agissant ainsi il reconnait
que l'instruction emporte avec elle l'éduca-
tion, et l'amélioration de ces mœurs, les
chiffres officiels des Cours d'assises et de la
police correctionnelle témoignent du grand
nombre d'accusés ne sachant ni lire ni
écrire ; tous les motifs d'intérêt particulier
et d'intérêt général pour la société doivent
donc nous pousser vers la diffusion de l'instruction.

L'Instruction est la mère de l'Indépendance.

Lille, le 19 novembre 1874.

SENTIMENT & RAISON

Pour juger si les actes vers lesquels nous pousse chaque jour, l'inclination naturelle de notre cœur sont justes et sensés, les philosophes les soumettent au *criterium* infaillible de la raison.

Agissons donc comme les moralistes et étudions ensemble les hommes qui s'éprennent de l'opinion républicaine.

Que remarquons-nous au premier abord ?

Nous voyons la plupart des jeunes gens à l'âge où les considérations de l'intérêt n'ont pas encore agi sur eux, lorsque tout ce qui est généreux fait battre leur cœur, nous les voyons dis-je, manifester hautement leurs ardentes sympathies pour les idées libérales, pour la forme républicaine.

Il faut constater, il est vrai, que plus tard, bon nombre d'entre eux s'empressent de brûler ce qu'ils ont adoré et traitent d'illusions et d'erreurs de jeunesse, ces premiers élans de leur âme.

Rien en cela ne saurait nous étonner, empressons-nous de l'avouer,—car il est incontestable que la diversité des tempéraments amène dans le domaine des opinions personnelles des divergences sans nombre.

Qu'il nous suffise de remarquer qu'à l'âge où le sentiment règne en maître sur nous, l'idée républicaine nous séduit par son idéal.

Personne n'a d'ailleurs jamais contesté l'observation psychologique que nous faisons, et même les Prudhommes de toutes les époques ont doctement enseigné que l'homme reste républicain jusqu'à l'âge de 30 ans.

Mais voyez-donc quelle est la puissance mystérieuse de la vérité ! — Admirez avec nous combien notre cœur est bon juge et comme souvent il en faut rabattre de ces appréciations tardives que nous attribuons à tort à la maturité de nos esprits. L'histoire s'est plu à énumérer les noms des hommes qui pendant la majeure partie de leur vie s'étaient montrés peu partisans sinon les adversaires de l'idée Républicaine et qui s'y sont pourtant ralliés à l'âge où la jeunesse ne peut plus être suspectée de tromper l'esprit. Pour ne citer que les exemples fournis par les plus éminents de nos contemporains, les conversions éclatantes des Thiers, des Casimir Périer, des Montalivet, ne nous consolent-elles point de la défection des Batbie ?

La république est sortie de son époque d'enfance; plus forte que jamais elle étale au monde une puissance morale inconnue jusqu'ici ; ce ne sont plus seulement quelques partisans épris de ses avantages qui la proclament, notre cœur et notre raison nous affirment que *seule* elle peut assurer le bonheur de la France.

La nation la demande dans tous ses votes, et malgré ses adversaires les plus entêtés, la république apparaît à tous comme le gouvernement de l'avenir.

Saint-Omer, le 25 novembre 1874.

RÉACTIONNAIRES & PROGRESSISTES

Il est de certains politiques qui répètent chaque jour, que la Révolution de 1789 n'a été qu'un *accroc*, *un accident de pur hasard* dans notre histoire.

Un pareil procédé d'argumentation entraine fatalement avec lui, la négation des conquêtes morales de la Révolution et fait consister uniquement son œuvre dans les excès qui sevirent en 1793.

Ce raisonnement tout de passion est dangereux, car en politique, comme partout ailleurs, la passion est mauvaise conseillère et ne saurait par conséquent produire que des effets de courte durée.

Pour nous, le devoir nous oblige à traiter de plus haut la Révolution de 1789, afin de mettre à découvert le programme des *réactionnaires* et celui des *progressistes.*

Nous employons à dessein ces deux termes purement techniques, négligeant toutes les qualifications plus ou moins injurieuses, qu'édite chaque matin la politique aigrie de notre époque.

***

Au milieu de toutes les causes éloignées de la Révolution, la cause immédiate fut la ruine de nos finances.

Un siècle auparavant, Vauban s'écriait : « *Près de la dixième partie du peuple est réduite à mendier.* » C'est que, malgré les impôts écrasants, Louis XIV s'était vu contraint après les dernières guerres malheureuses, d'emprunter à 400 pour 100 en absorbant à l'avance deux exercices de recettes ; aussi la dette publique s'élevait-elle à 2 milliards 400 millions, soit aujourd'hui près de 8 milliards.

Louis XV, qu'un moins pénible souci préoccupait(!) et Louis XVI n'avaient pu réussir à rétablir l'ordre dans les finances ; c'est pourquoi ce dernier convoqua à Versailles en 1787 et 1788 deux assemblées de notables qui se montrèrent impuissantes à combler le déficit.

En 1775 (compte dressé par les ordres de Turgot) le déficit annuel était de *37,157.596* livres.

En 1781 (compte effectif de M. de Calonne) il était de **46,238,000** livres.

En 1787, l'état présenté aux notables par M. de Calonne, dévoilait un déficit de **125,087,556** livres.

Ou se serait donc arrêtée cette terrible progression ?

***

Alors retentit par toute la France, ce mot depuis si longtemps inconnu : « *les Etats-Généraux.* »

A la lecture des divers cahiers des baillages et des sénéchaussées, l'on remarque à chaque page la justesse et le bon droit en même temps que le ton modéré et bien séant des réclamations adressées aux députés.

De plus, d'après Chassin dans son *Génie de la Révolution* plus de 1500 brochures parurent entre l'annonce et la réunion des Etats ; la liberté de la presse était illimitée (arrêt du conseil du 15 juillet 1788) ; et on installa au Châtelet et à l'Hôtel de Ville une boîte destinée à recevoir les écrits des particuliers (réglement du 13 avril 1789, art. 23).

Personne ne pouvait donc se faire illusion sur l'importance qu'allaient prendre les debats.

L'irrésolution de Louis XVI ne fit pourtant qu'accroître les embarras du pays ; ce roi, nous le voyons, n'accordait jamais que contraint, ce qui lui était demandé et par là s'enlevait le mérite de toute concession aux impérieuses nécessités de la situation.

Le zèle hors de propos de la Reine, de Monsieur d'Artois et des chevau-légers, zèle aveugle et malhabile, empêcha le roi d'écouter les conseils que lui donnaient chaque jour les hommes les plus modérés.

Rappelons-nous bien qu'à cette époque, il ne s'agissait que de fonder une monarchie constitutionnelle — le mot de République ne fut, en effet, prononcé pour la première fois qu'après la fuite du roi à Varennes.

Les Vergniaud, les Malouet, les Brissot, les Gensonné, les Mirabeau, les Barnave avaient épuisé leurs efforts pour amener une réconciliation durable entre le peuple et la cour. Peines perdues !...

Marie Antoinette estimait personnellement Barnave qui avait usé envers la famille royale de tous les égards de la bonne compagnie, lors du retour de Varennes, et pourtant elle refusait de croire à la nécessité des réformes que l'éminent constituant lui signalait.

M. de Montmorin traitait Mirabeau comme un mercenaire, lorsque celui-ci à la demande de Malouet, venait s'offrir à servir la Royauté.

Enfin les amis de la cour eurent la faiblesse d'accepter le secours de l'étranger.

Dès lors, un patriotisme farouche et brutal s'empare du cœur de tous les citoyens qui voient la France envahie, le flot déborde, les haines et les rancunes s'enveniment, le sentiment de l'humanité cède la place à l'instinct de la vengeance, les soupçons se dessinent d'une manière sinistre et la guerre fratricide s'allume confondant pêle-mêle en victimes, les nobles et les Girondins.

Les inspirateurs modérés, les conseillers sages de la royauté eurent le même sort que ses défenseurs enthousiastes.

****

Lorsque, de nos jours, on réfléchit aux terribles excès qui signalèrent cette époque, on ne peut disconvenir que la véritable sagesse pour un bon politique consiste à faire droit aux justes réclamations du peuple, non point à l'aigrir et à se rire insolemment de ses plaintes.

Quel homme, en effet, est assez fort pour conjurer l'orage , alors que des haines dès longtemps entretenues se déchaînent en furie?

*
* *

Après la Révolution , trois monarchies se succédèrent :

L'Empire, qui ne sut point s'arrêter aux conquêtes de la Révolution et nous ramena l'étranger.

La Légitimité s'écroulant avec le roi Charles X que le passé n'avait pu éclairer.

La monarchie de Juillet qui se perdit elle-même dans des essais infructueux d'équilibre entre les systèmes politiques les plus inconciliables.

Ne parlons pas du second empire.

Il est incontestable après tant d'événements accomplis en moins d'un siècle, qu'un homme de cœur et d'étude ne peut rester indifférent à la vie politique : Il lui faut prendre parti entre le passé et l'avenir.

Rétrograder 89 est une utopie qui n'est guères en cours et d'autre part les divers gouvernements qui se sont succédés depuis, n'ont pu assurer le *principe d'hérédité*, qui serait, selon nous, le plus puissant apanage de la monarchie.

Les Progressistes désirent acquérir *graduellement* toutes les libertés compatibles avec l'ordre social, chez eux le temps du zèle intempestif est passé ; la forme républicaine est la plus large qu'on puisse désirer , et par conséquent c'est elle qui est la plus ouverte à tous les Français. Lorsqu'un Président, juge que la majorité parlementaire n'est plus suffisante à garantir son autorité , il peut descendre du pouvoir sans secousse pour le pays, et sans voler lui-même en éclats.

Que pouvons-nous désirer mieux ?

La religion, la famille, la propriété sont-elles menacées ?

La terreur répandue autour du mot *République* tiendra-t-elle toujours en échec la raison des citoyens ?

Qui donc rêve chaque jour, de rancunes et de haine ?

Où sont les proscripteurs ? Je cherche les proscrits.

Espérons, car nous sommes *France.*

L'instinct d'une noble générosité n'est point étouffé dans notre pays.

Notre nation peut se glorifier de la nuit du 4 août, où tous les partis réconciliés révalisèrent d'amour et d'abdication.

La France ne saurait oublier son passé glorieux ; il serait indigne d'elle (des ennemis seuls peuvent le lui souhaiter) de s'étioler à toujours dans de vaines et stériles dissensions.

Saint-Omer, le 27 novembre 1374.

CAUSERIE

Les théâtres, les expositions, les brochures nouvelles, les conférences exercent actuellement sur nos mœurs une telle influence, que l'homme qui reste étranger à ce mouvement littéraire et artistique se prive d'abord de la plus pure jouissance et s'expose ensuite à ne pouvoir discerner sous un coup d'œil d'ensemble, là couleur morale de son époque.

Les débats de la vie politique présentent de même d'immenses avantages et renferment de précieux enseignements lorsqu'il nous est permis d'en causer avec des gens tolérants et désintéressés, aussi, notre caractère national qui sait revêtir des allures à la fois sérieuses et spirituelles, aime à s'éprendre de la vie littéraire et artistique, parce que nous y rencontrons les plus nobles aspirations qui puissent guider notre cœur au milieu des difficultés et des périls de la vie publique.

D'ailleurs, les lettres et la politique ne sont-elles point intimement liées ?

Que réclame en effet, une sage et libérale politique, sinon le développement de l'instruction, c'est-à-dire le développement du goût ?

Et, d'autre part, la culture de l'esprit ne produit-elle point ces élans généreux, ces idées élevées, qui donnent à un citoyen le sentiment du respect des autres et de sa propre dignité?

Ne nous semble-t-il pas lorsque d'éminents artistes interprètent devant nous, une œuvre bien écrite et solidement pensée, que nos cœurs sont unis pour les remercier ainsi que l'auteur, du plaisir qu'ils nous procurent ?

Le Demi-monde, d'Alexandre Dumas, par exemple, où Delaunay, ce parisien accompli, Febvre, à qui le rôle d'officier sied à merveille, Got qui sait emboiter tous les personnages et se montrer toujours original, offre pour l'instant à tout Paris, une délicieuse soirée. Mademoiselle Croizette ne dément pas, en cette pièce le succès obtenu par elle dans *Jean de Thommeray* et dans le *Sphinx*.

En quittant la maison de Molière, il suffit de longer les galeries, pour se donner pendant quatre heures le plaisir de rire sans désemparer aux désopilantes transformations de Brasseur et de Gilperez dans *Tricoche et Cacolet*. Hyacinthe s'y montre impayable dans son rôle de duc jobard.

Nous parlerons dans une prochaine causerie de *la Boule,* dont le Palais-Royal a donné mercredi la première représentation et de *la Haine,* de Sardou, qui attirera ce soir tout le grand public au théâtre de M. Offenbach.

Passons de la Gaité à la Porte St-Martin. — Le trajet en est court....

Dimanche dernier aux matinées de Ballande, M. Francisque Sarcey a fait une causerie sur *Don Juan* de Molière, que la Comédie Française ne donne plus. Par une heureuse transition et un rapprochement ingénieux, l'habile conférencier a traité en même temps *le chemin de Dumas* de M. Barrière, où le Vaudeville nous présente, depuis dix jours, un Don Juan en raccourci, dans la personne de M. de Parisianne.

La conclusion de cette conférence vaut qu'on en parle :

Formons-nous , disait en terminant M. Sarcey à son public nombreux et attentif, formons-nous une affection de jeunesse, ne laissons point en sceptiques blasés s'endurcir notre cœur.... Quelle baguette serait assez puissante à l'heure de la vieillesse, pour en faire jaillir l'eau quand nous aurions vécu en égoïstes, en *gommeux (sic)*.

M. Henri de la Pommeraye poursuit toujours l'idée qu'il a entreprise de faire, chaque lundi, à la salle des Conférences du Boulevard des Capucines, la chronique théâtrale de la semaine. Il nous a dit, lundi dernier, mille choses vraies en tous points et exprimées avec une onction toute particulière sur l'œuvre de M. Barrière et *Don Juan*. Les vers d'Alfred de Musset étalaient leur caractère puissant sous sa diction pure et animée, lorsqu'il nous citait le bel extrait de *Namouna* sur *Don Juan*.

Etonnez-vous donc ensuite que l'on brave les frimas pour courir au boulevard s'instruire et se distraire à ces conférences ?

Celle que M. Sarcey a faite hier, la première de ses *études théoriques sur le théâtre*, a plu vivement par cet accent à la fois simple et sincère, par cette remarquable érudition qui le caractérisent.

L'idée mère des conferences s'est montrée féconde comme toute bonne idée soutenue avec zèle et persévérance.

Voyez donc l'*Union Centrale* qui continue pour quelques jours encore, sa magnifique exposition des arts appliqués à l'industrie. Tout en elle est né sous le feu de l'initiative privée : aussi que de déboires ont signalé les débuts de cette œuvre qui a donné cette année sa quatrième exposition au Palais de l'Industrie !

Le musée retrospectif du costume est sans nul doute, après l'exposition des Alsaciens-Lorrains qui eut lieu au Palais-Bourbon, l'entreprise la plus artistique de l'année : tableaux, bustes, médaillons, sceaux, pierres tumulaires, tentures, tapisseries, manuscrits, estampes et gravures, tout en elle a concouru à développer le sentiment du beau, et aussi à donner aux artistes du présent et de l'avenir, le culte de l'exactitude et de la vérité dans leurs œuvres sur les différentes époques de notre histoire. La bibliothèque installée au Palais de l'Industrie s'est toujours trouvée remplie de travailleurs infatigables qui venaient puiser à cette source si riche.

Merci donc, avant la fermeture de l'exposition, aux courageux organisateurs de l'*Union centrale.*

Et pourtant, au milieu de ces multiples attraits artistiques, Paris n'oublie pas que dimanche un grand devoir incombe à tous les citoyens. Les rues sont tapissées d'affiches électorales et la victoire est gagnée d'avance par la modération et la bonne entente de tous dans la lutte.

N'oublions pas non plus nos devoirs, électeurs de St-Omer; rappelons-nous au prix de quels sacrifices nos pères ont obtenu les libertés municipales : puisque nous ne pourrions tolérer qu'on nous prive de ce droit, sachons en user, montrons-nous conséquents avec nous mêmes et nous aurons la satisfaction du devoir accompli.

Spectator.

Paris, le 27 Novembre 1874.

LE CONSEIL MUNICIPAL

DE PARIS

———

Avouer une défaite est trop souvent pénible.

Convenir de la valeur morale de ses adversaires demande bien du savoir, un certain instinct de tolérance et un sentiment élevé de générosité.

Vous trouverez dans ceci, la plupart des raisons qui ont déterminé les journaux réactionnaires, à jeter le blâme et la calomnie sur les élus du 29 Novembre au Conseil municipal de Paris.

Essayons pourtant de montrer nos adversaires inconséquents eux-mêmes ; s'ils savent en effet débiter sur nous mille infamies, encore voudrait-il peut-être mieux pouvoir en établir solidement une seule,

Les journaux d'aujourd'hui ne font du reste qu'éditer à nouveau, tout ce qui a été dit du précédent Conseil, qui, à les en croire, devait renverser les fondements de la Société, ruiner Paris, mettre la France en péril, et nous perdre jusqu'au dernier..... Ce qu'il y a de particulièrement aimable dans les conseils que nous donnent la plupart de ces journaux, c'est qu'ils ont l'habitude de nous prédire des désastres chimériques et sont au contraire tous des premiers à chanter notre gloire et nos succès, alors que nous n'aurons à recueillir que malchances et défaites.

Ceci nous démontre en passant la valeur de leur diagnostic et de leurs prédictions. L'ancien Conseil municipal, au lieu de répondre à ces promesses mauvaises qui prenaient le ton d'un désir exprimé par la réaction, tant le sujet revenait sur le tapis, l'ancien Conseil municipal est entré aux affaires sous les auspices les plus tristes dont il soit possible d'hériter.

Un budget fantastique, celui de M. Haussman, réclamait des prodiges de bon sens , d'arithmétique et de désintéressement pour retrouver l'équilibre qu'il n'avait plus depuis longtemps.

Paris regorgeait d'ouvriers du bâtiment accourus de tous les points de la province pour embellir la capitale, glorifier l'Empire, enrichir les entrepreneurs sans appauvrir le préfet ; et le Crédit foncier avait traité avec la ville les 275.000.000 de bons de délégation, souvenir qui parait d'hier et qui pourtant est loin de nous, puisque depuis, l'Empire s'est vu énergiquement repoussé par notre mépris, en même temps que nous en proscrivions les moyens.

L'intérêt de la ville exigeait donc de formidables économies et le Conseil, malgré l'impopularité qui s'attache toujours aux administrations peu dépensières , dût dédaigner cet appas et montra en ses délibérations, qu'il était bien plutôt père de famille, que désireux de s'accroître le nombre de ses clients et de ses favoris, au détriment de l'intérêt général.

Peu nous importe après tout, que des bonapartistes prennent un certain monde par les désirs immodérés de richesses... Comme dit Figaro au duc d'Almaviva « on fait ce qu'on peut. » Le parti Républicain saura toujours repousser loin de lui les séductions trompeuses et malsaines d'un intérêt mal acquis et de transactions équivoques.

*
* *

Ce que fut l'ancien Conseil, le nouveau le sera.

M. de Broglie dut le respecter , la modération de ses délibérations lui a toujours valu l'éloge des hommes de raison ; le préfet lui-même, M. Ferdinand Duval, y rendait hommage, il y a quelques jours.

*
* *

Voilà pourtant quelle est la force de la République !

Des hommes nouveaux à la vie politique surgissent tout à coup, et dès le lendemain ces fougueux opposants de la veille , deviennent d'habiles administrateurs, sans laisser en chemin la moindre parcelle de leurs convictions.

Un étranger qui voyait hier les divers scrutins de Paris manifestait bien haut son étonnement ; c'est que les journaux réactionnaires nous représentent comme des fous et que l'idée étroite que nos voisins peuvent avoir de nous, provient d'un excès de haine politique où nos adversaires ne savent pas toujours se modérer.

Le Conseil municipal de Saint-Omer est aussi renouvelé — qu'il prenne en exemple celui de Paris que sa devise soit toujours : *Zèle, énergie et modération.*

A ce prix l'on saura reconnaître plus tard les bons citoyens, les véritables amis de leur Patrie. — La réponse n'est-elle point dès aujourd'hui sur toutes les bouches.

Paris, le 2 décembre 1874.

L'ASSEMBLÉE

Les moindres faits prennent chaque jour une importance qui doit divertir beaucoup, ceux qui considèrent la politique comme une sorte de vaudeville, dont le dénouement se poursuit à travers une série indéterminée d'actes et de changements de tableaux.

Sans appartenir à l'école de ceux que la gaîté rend injustes et parfois anti-patriotes, nous ne pouvons nous empêcher de constater que le *Soir*, journal de l'Assemblée et des dernières nouvelles (c'est le titre qu'il se donne) s'est bien amusé hier aux dépens de ses lecteurs, en leur faisant remarquer que MM. Rolland et Salneuve, tous deux membres très écoutés de la gauche modérée, ayant pris hier un abonnement de six mois au chemin de fer de l'Ouest, *l'heure de la dissolution n'a pas encore sonnée.*

Ce qui revient à dire que MM. Rolland et Salneuve sont gens trop pratiques, pour voter la dissolution de la chambre pendant toute la durée de leur abonnement au chemin de fer.

Le rire ici n'est plus seulement un droit, il devient un devoir. N'insistons pas.

La lettre de M. le Comte de Chambord, lettre dans laquelle il conseille à ses amis de ne rien faire qui puisse retarder le retour de la monarchie, aura, dit-on, son contre-coup jusque dans le ministère et pourrait même enlever au message son ton affirmatif, à l'endroit des lois constitutionnelles.

Et pourtant qui a proposé le Septennat ? — La droite, — c'est la gauche aujourd'hui qui le défend le mieux.

Qui a demandé dans le début l'organisation du Septennat ? Toujours la droite qui l'ajourne indéfiniment aujourd'hui.

Si M. le Maréchal de Mac-Mahon est destiné, à rester encore six ans au pouvoir (et ce n'est point le parti Républicain qui lui en a jusqu'ici contesté le droit) il faut à tout prix, selon nous, que la Chambre dote le pays de lois constitutionnelles, car sans cette garantie, la stabilité paraît mal assurée.

*
* *

Il serait pour le moment bien difficile de préciser ce que désire l'Assemblée.

Pour nous, notre rôle se borne heureusement à montrer ce que le patriotisme lui ordonnerait de vouloir.

Aussi nous ne pourrions le dissimuler, les lois

constitutionnelles et la loi sur les cadres se dressent devant elle comme un devoir impérieux à remplir.

Songeons souvent, qu'au dessus de toutes les prédilections personnelles de telle ou telle dynastie, le désir du bonheur de la France doit primer toute autre considération.

La postérité ne pardonnera jamais à qui que se soit, de s'être présenté à nous les mains vides, à un moment ou la nécessité d'agir apparaissait aussi évidente à l'esprit de tous.

L'on me répondra que chacun des partis qui divisent l'Assemblée, est intimement persuadé que les idées qu'il représente peuvent seules assurer le relèvement du pays.

L'argument pourrait offrir quelle valeur si les monarchistes des diverses nuances ne s'étaient si souvent alliés entre eux, depuis le 8 Février, en modifiant sans cesse leurs programmes respectifs, au milieu du dédale des fusions et des coalitions.

S'ils ont agi, comme ils l'ont fait, c'est que leurs convictions ne sont pas aussi absolues qu'on pourrait le supposer.

La lutte commune qu'ils soutiennent aujourd'hui contre la République, reprendrait de la part des vaincus la même intensité contre celle des autres monarchies qui parviendrait à conquérir le trône.— Le pays n'aurait donc rien gagné et l'apaisement des esprits non plus, l'opposition en serait devenue plus nombreuse et par conséquent plus forte pour renverser le nouveau pouvoir.

Les légitimistes ne peuvent sincèrement se montrer les amis fidèles des descendants de Philippe-Égalité et du roi Louis-Philippe qui conspira la chute de son cousin Charles X.

Les orléanistes dépossédés par Napoléon III pourraient-ils devenir jamais, les défenseurs du bonapartisme ?

Il faut bien en convenir, les divisions forcées des monarchistes sur le terrain des principes, grossissent à tout instant les rangs du parti républicain, et si l'Assemblée veut sincèrement apprécier l'opinion du pays, rien n'est pour elle plus facile.

La crainte d'un échec électoral suffirait-elle à un député pour demander la prolongation indéfinie de son mandat ?

Ce calcul personnel serait faux en tous points, car l'homme public pour mériter l'estime de ses concitoyens, doit savoir oublier son propre intérêt.

Pourquoi donc ne pas limiter ce mandat si la raison et le corps électoral semblent devoir en restreindre la durée.

Paris, le 2 décembre 1874.

CAUSERIE

Les habitués des premières sont dans la désolation.
— Leur désappointement se serait même traduit
lundi dernier, d'une façon quelque peu bruyante,
lorsque se rendant à la Gaité, pour entendre *la
Haine*, ils apprirent que la maladie empêchait M.
Lafontaine de jouer son rôle d'Orso Savagnano, dans
le drame de M. Sardou.

Nous espérons que dans l'intérêt des jolies toilettes, qui déjà deux fois ont fait une fausse sortie,
l'administration de M. Offenbach ne s'exposera plus,
à l'avenir, par défaut de publicité, à déplaire à la
plus belle moitié du genre humain et aussi, il faut
bien le dire, à décevoir l'autre moitié, moins belle
il est vrai, mais toujours avide de contempler une
salle élégante et bien composée.

Puisque nous parlons de ce plaisir des yeux, qui
en dehors même du sujet représenté, à le privilége

de nous charmer au théâtre, disons combien chacun aspire après le moment tant désiré et tout prochain d'ailleurs, où le nouvel opéra ouvrira ses portes au public.

Samedi dernier, les grands ducs de Russie l'ont visité avec M. le Maréchal, président de la République, et mardi soir la presse et les artistes y étaient conviés par la direction, pour essayer la salle.

La splendeur de cet édifice où l'or, le marbre, le jaspe et le bronze, ont été prodigués pour le plaisir des yeux, est encore réhaussée par l'éclat et le bon goût des peintures de M. Paul Baudry, qui étaient exposées aux Beaux-Arts, il y a trois mois.

Ces peintures sont au nombre de 33, dont 3 plafonds : *la Mélodie et l'Harmonie, la Tragédie et la Comédie*, et 12 voussures, *le Parnasse, les Poètes, le Jugement de Páris, Marsyas, l'Assaut, les Bergers, Saül et David, le rêve de Sainte-Cécile, Orphée et Eurydice, Jupiter et les Corybantes, Orphée et les Ménades et Salomé*. L'exposition nous montrait aussi huit muses, — huit seulement car les architectes qui pour raison de symétrie, ne s'accommodent pas toujours comme les Dieux des chiffres impairs, n'ont pu trouver place pour la neuvième, la muse de la poësie lyrique, — l'infortunée Polymnie à l'air méditatif, manquera donc aux Horace de l'avenir. Les médaillons sont au nombre de dix : *Perse, Rome, Grèce, Egypte, Barbares, Grande-Bretagne, Germanie, Italie, France, Espagne*.

Lorsque MM. Garnier et Baudry verront pour la première fois, le public rendre hommage à leur œuvre, M. Carpeaux, le grand sculpteur valenciénnois, sera malheureusement retenu loin de cette fête, lui à qui personne n'oserait plus contester l'éclatant mérite des magnifiques groupes de l'Opéra.

L'éminent artiste n'a pu jusqu'ici se rendre compte du bon effet de sa fontaine de bronze « les quatre parties du monde » installée depuis peu, à l'extrémité de l'avenue de l'Observatoire.

Le monde artistique tout entier et le monde des lettres dans lequel M. Carpeaux ne compte que des admirateurs et un grand nombre nombre d'amis, espèrent que la santé du maître se rétablira enfin.

*
* *

Pour tenir nos lecteurs au courant, nous mentionnerons avec quelques détails chaque semaine, les pièces nouvelles.

Nous n'avons en rien la prétention de faire une analyse de chacun des sujets, ce qui entraînerait d'inévitables longueurs et avouons-le, un peu d'ennui peut-être ; bien plus encore, nous nous garderons d'affronter le terrain tout philosophique de l'esthétique, réservant à nos grands feuilletonnistes dramatiques, ce soin qui n'entrerait que rarement dans nos moyens.

Il importe pourtant d'examiner en passant les diverses œuvres, qui par un long séjour sur l'affiche, dénotent le niveau du goût et la direction des tendances du public.

*
* *

Mercredi, à l'Ambigu a eu lieu la première de *Cocagne*, drame en 5 actes et 9 tableaux, par feu Anicet Bourgeois et M. Ferdinand Dugué. Paul Deshayes y joue, en rival de Mélingue, le rôle de Cocagne, un d'Artagnan de la Fronde.

Hier, aux Italiens, madame Pozzoni a joué pour la dernière fois, dans *Poliuto* et demain la représentation à son bénéfice attirera tout le Paris musical, au moment où les critiques iront entendre à l'Odéon la comédie nouvelle de M. Louis Davyl, *la Maîtresse légitime*, pièce en 4 actes.

L'Odéon a, en effet, fini d'exhiber les chiens de la *Jeunesse de Louis XIV*, l'élément zoologique n'est plus représenté à la scène que dans la chasse du jeune Henri au Théâtre lyrique et dramatique et avec plus de majesté cette fois et plus de bruit aussi à la Porte St-Martin qui a jugé bon de nous montrer un éléphant en chair et en os.

Laissons de côté ce pachyderme et constatons le succès toujours croissant du *Tour du monde en 80 jours* de A. d'Ennery et Jules Verne, et en même temps la vogue moins tapageuse qui accompagne à l'Opéra-Comique, la reprise de *Mireille* de Gounod.

Nous n'insisterons pas sur le fond du sujet de Jules Verne. Les électeurs assidus de la Bibliothèque populaire de St-Omer, — et ils sont nombreux, — se rappellent tous cet intéressant récit, qui chaque dimanche est demandé avec avidité aux zélés commissaires attristés de n'en point posséder vingt exemplaires pour satisfaire à tous les désirs.

Lacressonnière (Philéas fogg) qui est le type d'un gentleman, fort parisien et du meilleur monde, Dumaine (Archibald Corsican) toujours admirable de bonne mine, de ton chaud et de franchise, Alexandre (Passe partout) qui a puisé dans son caractère d'enfant de Paris, les mille ruses qui aideront à chaque pas son maître dans cette course à travers le monde, ainsi que Mmes A. Moreau (Aouda), Marietta (Nakahiva) et Marie Laure (Margaret) tiennent l'auditoire en suspens, pendant les cinq heures que dure la représentation.

Malgré les soupçons de Fix, un *detective*, joué par Vannoy qui se transforme à chaque tableau pour mieux découvrir son voleur, tout se passe à merveille : Archibald et Phileas, ennemis et rivaux d'excentricité se réconcilient, le premier se marie avec Nakahiva, le second avec Aouda, qu'ils ont sauvées de la fureur des Indiens, grâce au subterfuge de Passe-Partout lequel épouse Margaret accourue de Londres à New-York. Inutile de dire que la pari d'un million est gagnée : nous savons que l'intrépide membre de l'*Excentric-Club*, parvient à faire en 81 jours le Tour du Monde par Suez, Bombay, Calcutta, Hong-Kong, Yokohama, San-Francisco et New-York, ce qui ne fait en somme que 80 jours, puisqu'en marchant vers l'Est, il gagne chaque jour 4° sur 360°, soit après 80 jours, 24 heures au grand complet.

Le ballet : *une fête en Malaisie*, au 7me tableau est admirable de luxe et de precision. Les autres tableaux surtout remarqués sont la Nécropole, la caverne des Serpents, l'escalier des Géants, et le naufrage du steamer l'*Henrietta*.

A l'Opéra-Comique, *Mireille* sans faire pareil étalage de décors, offre pourtant une mise en scène fort belle, surtout au passage des noyées sur le Rhône, tableau d'un fantastique saisissant et terrible.

Cet opéra dramatique n'avait pas été donné depuis son origine en 1864, — chacun en connait le sujet qui est tiré du poème *Mireïo* de Mistral que le sentimental Lamartine a tant admiré.

La musique à la fois savante et d'une exquise simplicité, séduit et charme notre oreille tout assourdie par le vacarme creux et les effets prétentieux des opéras-bouffe à la mode. Le chœur d'entrée, *chantez, chantez magnanarelles* a été fort bien dit. — Au second acte, toute la salle a fait bisser l'air de *Magali* chante avec tant de pureté et d'onction par madame Miolan-Carvalho, ainsi que les couplets *Heureux petit berger*, du quatrième acte. Le petit berger Andreloun et Taven la sorcière, qui d'habitude sont joués par madame Galli-Marié, étaient ce soir-là, confiés à une doublure.

Le régisseur était venu, au lever du rideau, annoncer avec sa rigidité habituelle, que madame Galli-Marie, étant empêchée..,, etc., vous savez le reste. Là-dessus, les Romains d'applaudir, vous devinez pourquoi.

Duchesne (Vincent), Melchissédec (Ourrias) et Ismael (Ramon) se sont au mieux du monde, acquittés de leurs emplois, tout hérissés de difficultés.

Il est rare d'assister à des représentations aussi

bien rendues, aussi l'on y retourne avec plaisir ;
plus tard serons-nous, peut-être privés d'un tel
ensemble. Ne voit-on pas déjà, les signes avant-
coureurs de la débacle ? Tous les théâtres se plai-
gnent de la pénurie d'artistes et bientôt, grâce
à l'assistance publique qui retient 12 1/2 0/0 sur la
recette brute de la *Société des concerts du Conserva-
toire*, nous aurons à déplorer la chute de cette asso-
ciation qui renferme les plus grands artistes de
Paris.

Pourquoi l'Assemblée ne ferait-elle pas une loi
qui réglementerait d'une manière plus équitable le
droit des pauvres ? pourquoi le théâtre, qui est non-
seulement un plaisir, mais aussi un art et des plus
relevés, acquitterait-il, seul, ce droit, alors que mille
plaisirs, pùrement fantaisistes, n'y participent en
rien.

D'ailleurs est-ce que bien souvent, les représentations n'ont pas pour but de secourir des nécessités
très-reconnues ? Ainsi, la matinée de dimanche
prochain à l'Ambigu est au bénéfice de M. Lagneau,
le régisseur dont nous savons tous les nombreux
sacrifices et les déboires. — C'est pour l'aider que
Mesdames Dejazet, Judic, C. Montaland, et MM.
Thiron, Mounet-Sully, Taillade, Deshayes, etc.,
viennent s'associer à cette bonne œuvre.

N'était-ce pas aussi un but philanthropique qui
réunissait samedi à la Salle Herz, une pleiade d'éminents artistes, sous la bannière des aéronautes du
siége de Paris, au bénéfice des familles de leurs
confrères victimes de leur patriotique dévouement

et notamment de *Prince* et de *Lacaze* qui montaient le *Jacquart* et le *Richard Wallace* perdus en mer.

Il y a donc une bonne loi à faire ; nous émettons cette opinion sans parti pris. Ne sommes-nous pas tous les premiers à donner un bon point au gouvernement, quand les mesures prises par lui pour sauvegarder les arts le méritent ?

A ce titre, nous avons été tout heureux d'admirer l'exposition des produits des manufactures nationales de Sèvres, des Gobelins et de Beauvais au Palais des Champs-Elysées, et aussi de nous promener, au milieu du musée du Louvre dont la section nouvellement ouverte qui termine la galerie du bord de l'eau, renferme des tableaux que nous ne connaissions que par les estampes et par les copies.

Spectator.

Paris, le 4 décembre 1874.

POURQUOI VOUS OCCUPEZ-VOUS DE POLITIQUE ?

Sous l'Empire, il était de haute sagesse de souhaiter aux jeunes gens de ne jamais franchir le terrain de la politique.

Il semblait que là, devaient se trouver des dangers à affronter, et qu'une amitié bien entendue ordonnait à nos conseillers de nous interdire l'accès de ces luttes et de ces études.

C'est qu'en effet, le gouvernement impérial dont l'absence de principes interdisait tout examen sérieux, s'attendait à puiser une grande force dans ce sentiment d'abdication qui s'appelle l'*indifférence*.

Depuis lors, de trop grands événements se sont passés, la nation a pu s'éclairer, et à l'heure qu'il est, la jeunesse toute entière défend son opinion quelle qu'elle soit d'ailleurs, mais du moins soutient une idée, pensée, voulue, raisonnée... Le mal n'est donc plus dans l'indifférence, il menacerait plutôt, pour l'heure présente, de résider dans l'*intolérance*.

Mais l'intolérance que nous constatons dans les débats quotidiens, provient à son tour de deux causes qui sont loin d'être sans remèdes ; la première de ces causes, c'est le peu d'habitude que nous avions de la contradiction, la seconde prend sa source dans la lutte desespérée de certains partis, qui sentant que l'opinion publique leur échappe, s'emparent de tous les moyens, même des plus violents.

Puisque chacun a sa manière de voir, nous considérons comme purement dérisoire la prétention qu'affectent certains adversaires, lorsqu'ils nous disent : *a quoi bon s'occuper de politique ?*

Le jeu leur serait trop profitable, et nous demandons simplement la permission de les imiter en défendant haut et ferme les principes que notre conscience nous inspire.

Là ne se borne pas le souci que nous témoignent nos contradicteurs et très-souvent ils nous demandent anxieux : *Pourquoi donc vouloir tant de libertés ? que vous manque-t-il à vous personnellement ?*

Il nous sera bien aisé de répondre à ces aimables opposants, que nous voulons le contrôle des actes du gouvernement à qui nous déléguons l'autorité, et que pour exercer ce contrôle, il nous faut l'usage de certaines libertés et en particulier de la liberté de la presse. .

Nous ajouterons aussi que ce rôle nous appartient

d'autant plus, que l'on ne pourra pas nous suspecter d'agir uniquement par intérêt personnel. N'est-ce point, en effet, la conséquence logique du reproche déguisé que nos adversaires nous adressent, lorsqu'ils constatent que l'usage de ces libertés ne viendra pas changer directement notre état matériel et moral ?

Aussi nous ne saurions négliger pour nous, ce devoir patriotique et nous taire, lorsque d'autres, dans une position plus modeste, souffrent de ne pouvoir exercer certains droits publics et politiques que nous leur reconnaissons.

Si nous sommes libéraux, c'est que la liberté nous paraît non seulement un droit, mais aussi une école ou tout citoyen apprendra l'étendue de ses devoirs.

Le contrôle suppose l'instruction de celui qui juge les actes du gouvernement, aussi nous demandons l'instruction pour tous.

Ne paraît-il pas déraisonnable, que l'État puisse attendre de nous le sacrifice de notre vie dans les guerres soutenues contre l'étranger, sans qu'il nous soit permis de connaître le mobile qui a poussé l'État à entreprendre cette guerre et savoir si elle est faite dans un but dynastique ou dans l'intérêt de l'honneur national ?

N'est-il pas présomptueux d'exiger que le contribuable se désintéresse au profit de l'État de son appréciation sur le mode et sur la répartition des impôts ?

Non, à coup sûr.

Nous voulons donc la liberté, parce qu'elle est grande et utile ; nous voulons le progrès, parce que les peuples qui s'admirent et restent stationnaires s'étiolent promptement.

Voilà pourquoi nous nous occupons de politique.

Paris, le 7 décembre 1874.

CAUSERIE

Chaque jour, l'attrait des arts semble grandir, et Paris comme la province, par l'organe des hommes les plus éminents, rivalisent de talent et de zèle pour faire renaître partout les saines traditions et le culte du beau.

Nous voyons de toutes parts les conseils municipaux témoigner de leur vive sollicitude pour l'organisation ou le developpement à donner aux écoles de dessin, malheureusement en bien des villes la bonne volonté la plus éprouvée, et le sentiment le plus ardent et le plus convaincu des conseillers, viennent se briser contre des obstacles de toute nature : pénurie de professeurs, ou difficultés budgétaires qui ne permettent pas d'acquérir le matériel de modèles indispensable pour ces sortes d'études.

Poussé par cette considération et pour aider des efforts généreux et impuissants parfois, M. le directeur des Beaux-Arts vient d'obtenir de M. le ministre, qu'une exposition des plus belles toiles que renferment les musées de province, aurait lieu à Paris, afin de réaliser par son produit les sommes suffisantes pour donner une impulsion nouvelle aux écoles de dessin, de peinture, de sculpture et d'architecture, en même temps que favoriser les arts décoratifs qui se rattachent essentiellement à notre industrie nationale et que l'étranger essaie de nous ravir, en appelant à lui la plupart de nos artistes spéciaux.

La curiosité artistique, qui servait il y a peu de mois, à réunir pour l'œuvre des Alsaciens-Lorrains, tout ce que Paris et la province renferme d'hommes de goût, cette curiosité, ce sentiment du beau, appellera bientôt dans un but analogue ces mêmes curieux qui paieront leur plaisir en venant en aide aux écoles du pays.

L'*Union centrale des Arts* s'est chargée de l'organisation d'un local digne de contenir les chefs-d'œuvre des musées de province, et M. le directeur des musées nationaux s'entendra avec MM. les maires pour le choix des sujets.

Cette exposition sera installée en regard du Louvre.

Nous ne saurions trop approuver des mesures aussi utiles, et ceci nous console un peu de certaines choses, dont nous parlons souvent dans d'autres colonnes du *Mémorial Artésien.*

Mais ce n'est point ici le lieu d'établir des comparaisons et nous savons applaudir au bien lorsqu'il se rencontre sur nos pas.

*
* *

Les conférences que M. Francisque Sarcey continue à faire au boulevard des Capucines sur le *théâtre en général*, présentent de plus en plus d'intérêt et d'actualité. Malheureusement l'excellent conférencier se voit contraint par ses nombreuses occupations d'en restreindre le nombre.

Jeudi dernier, il nous avait parlé de la structure du 1er acte de toute œuvre dramatique, hier il nous a fait les considérations les plus spirituelles sur le dénouement.

Si nous parlons avec plaisir dans ces causeries, d'un sujet qui semble en apparence si éloigné des questions qui captivent habituellement notre attention, c'est que les conférences, outre le mérite intrinsèque de chacune d'elles, méritent à tout point de vue de se développer pour propager l'instruction, la compléter, et la spécialiser en donnant à des hommes qui ont acquis un juste renom dans une étude approfondie, une tribune et des auditeurs. Les livres sont froids souvent à nous persuader, le contact d'un homme convaincu du sujet qu'il nous enseigne est mille fois plus précieux et plus efficace.

Notre esprit demande pour être frappé par un sujet la représentation la plus réelle possible.

Pour n'en prendre qu'un exemple, ouvrez un livret d'une pièce quelconque et rendez-vous au spectacle de cette comédie ou de cette tragédie, vos émotions ne sont-elles point toutes différentes, vos cœurs et vos esprits ne sont-ils pas plus frappés en entendant les personnages s'interpeller et denouer l'action qu'ils sont appelés à représenter sous vos yeux ?

Lisez *Zaïre* et allez a la comédie française entendre Mounet-Sully et Sarah Bernardt, — comme la passion aura parlé un autre langage que celui que la lecture même la plus attentive aura pu vous faire présumer !

Mais, j'en reviens à mon sujet, et je pense que chacun souffre des obstacles qui sont apportés aux conférences , lesquelles peuvent embrasser tous les sujets.

Les conférences se faisant généralement le soir, ont le merite de permettre aux travailleurs d'y assister et je prends ici le mot travailleur dans son acception la plus large, je parle des travailleurs des mains et de la pensee.

L'utilite de cet usage avait poussé un certain nombre de bons esprits à organiser en province, des conférences qui etaient de véritables cours d'instruction primaire : le developpement d'une page d'histoire, l'étude d'un sujet littéraire ou scientifique ou d'une question artistique, ou bien l'hygiène pratique, la morale familière, voire même l'économie politique.

Malheureusement le peu de sympathie que rencontre en notre pays tout ce qui est nouveau, a été cause que la première impulsion n'a pas été suivie du succès attendu, les initiateurs se sont découragés, loin de trouver des adeptes et des continuateurs, et les braves gens qui disent de tout : *ça ne tiendra pas*, ont eu raison encore une fois.

Eh bien ! pourquoi cela ne tient-il pas ? un gamin nous le dirait à tous et il nous suffirait d'en tirer la morale.

C'est parce que, nous dirait le gamin, si Pierre dit noir, Paul dit blanc, et que Pierre et Paul, au lieu de trouver Jacques qui essaiera de les mettre d'accord, vont se fâcher tout rouge et jurer, mais *trop tôt* qu'on ne les y prendra plus.

Ceci tient donc à de l'intolérance et l'intolérance elle-même vient de l'ignorance.

Donc en suivant de pareils agissements nous allons tout droit à notre perte morale.

Si chacun voulait appuyer son opinion de bonnes raisons — et pour cela, il faut étudier — la lutte existerait sur le terrain scientifique et non sur celui de la passion et des idées préconçues.

La raison est un instrument qui s'use à ne pas servir, aussi, nous ne devons jamais la laisser se rouiller, en lui imposant des convictions trop faciles. Chaque matin, nous pouvons trouver un bon motif de nous fortifier dans les saines idées qui ont servi de point de départ à nos études ; la discussion, la nécessité où nous serons mis d'étayer nos affirmations par des preuves nous sera très-utile...... Ecoutons-donc, les autres..... et ne disons pas comme Pierrot de Molière : *Je dis toujours la même chose, parce que c'est toujours la même chose....* etc.

Espérons que bientôt, toutes les bibliothèques populaires, dont le nombre et le succès attestent la valeur et prouvent la curiosité du public, seront dotées de quelques cours d'instruction, et même de philosophie pratique.

C'est une chose si bonne que d'être utile aux autres en leur enseignant ce qu'on croit, et il est si doux aussi d'être convaincu et de pouvoir raisonner soi-même en connaissance de cause.

Lille, Valenciennes, Roubaix, Tourcoing et plusieurs autres de nos villes du Nord, sont depuis longtemps des mieux organisées sur ce point. Saint-Omer ne restera pas en retard nous en sommes certains.

Il y a tant de traits historiques à citer, — ne serait-ce que sur l'Artois — il est tant de conclusions à en tirer, que je suis bien sûr de voir, un jour où l'autre, quelqu'un de nos dévoués concitoyens, prendre l'initiative des conférences et se piquer du légitime orgueil de narrer devant un auditoire avide, l'histoire de notre pays.

Le passé forme l'avenir, car nous pourrons puiser dans l'histoire admirable des luttes de nos pères pour acquérir leurs libertés, les enseignements les plus purs en même temps que les plus susceptibles de développer dans le cœur de tous, l'amour de la Patrie.

Spectator.

Paris, le 11 décembre 1874.

L'ENTENTE

La plupart des groupes dont se compose l'assemblée nationale ont tenu leurs reunions et arrêté leur
programme.

De tous ces jugements sans appel, que résulte t-il?

Il faut en convenir, la situation est absolument
identique à celle que les deputés nous avaient
laissée lors-de leur séparation.

Rien de neuf, rien de décisif, point de résolutions
mâles et energiques, mais les mille hésitations, les
tergiversations sans nombre, des illusions auxquel-
les personne n'attache plus foi. — Voilà ce qui règne, voilà ce dont se bercent ceux qui n'ont point
voulu se contenter du mandat pénible de signer avec
nos ennemis, une paix douloureuse et forcee.

Et pourtant, dans le pays, que de manifestations
positives et fermes, que de tendances nettement
dessinées, que de souhaits et de désirs formulés par
l'arme legale du suffrage universel !

Pour nous, qui ne sentons en notre cœur, d'autre

attache que celle du bonheur de notre pays auquel nous sommes rivés sans que rien puisse nous en détacher, nous qui soupirons après l'ère de la confiance et saluons l'heure de la régénération, nous voulons envisager sans calculs ambitieux, personnels et étroits le programme que le passé nous trace pour l'avenir.

L'Assemblée s'est prorogée après avoir repoussé le premier terme de la nouvelle constitution, *pas de République* dit-elle, après s'être montrée impuissante à fonder la monarchie ; la dissolution alors... *pas de dissolution...* fut sa réponse.

Devant ce néant dont le pays s'alarme, elle reste inflexible et muette — Elle ne se propose plus un but, elle ne poursuit plus une tactique, elle vit, elle a sa raison d'être, parce qu'elle se trouve debout et veut rester debout.

Pourquoi donc essayer de vains procédés ?

La France peut-elle être livrée à la politique des expédients ?

Personne ne conteste les pouvoirs du maréchal de Mac Mahon, qui pour six ans, se trouve être le président de la République française.

L'extrême droite désire Henri V.

La droite et le centre droit, attendent de M. Audren de Kerdrel et de M. de Broglie leur salut, que le gouvernement de leurs rêves s'appelle d'Aumale ou Louis-Philippe II.

Le groupe de l'appel au peuple se jette dans les bras de Rouher, l'organisateur des anniversaires de Chiselhurst.

Les trois fractions de gauche seules marchent étroitement unies, malgré les efforts quotidiens qui sont tentés, pour opérer chez elle, une désagrégation qui serait le pire de nos malheurs.

Pourquoi cette union ?

Tous ces honorables représentants ont-ils dans leurs idées, cette uniformité absolue qui pousse invariablement à un but ?

Non certes, il n'y a entre eux qu'un point commun, *la République*; tous y veulent parvenir, parce qu'elle seule offre aux idées légitimes du progrès et de la liberté une issue certaine et durable.

L'entente que l'on essaie de rompre, en soulignant des divergences de détail, saura survivre à toutes les compétitions, car la devise est la même pour ces trois groupes : *République ou dissolution*.

Paris, le 14 décembre 1874.

CAUSERIE

Sans éblouir par l'éclat d'une foule de premières représentations, cette semaine n'a pas été moins brillante au théâtre que ses devancières.

Le Château-d'Eau et le théâtre Déjazet ont donné pour revues la *Malle des Indes* et la *Comète à Paris*.

Le Gymnase a fait peau nouvelle : les *Maniaques*, les *deux Comtesses*, et les *Révoltés* ont succédé à la *Veuve* et à la *Princesse Georges*.

Le Vaudeville a repris l'*Oncle Sam* de Sardou avec l'orchestre des Tziganes qui se rend à la fin de chaque soirée aux Folies-Bergères.

Il serait assez difficile de rendre compte d'une représentation aux Folies-Bergères. La scène n'est qu'un accessoire dont le public se passerait au besoin : tout l'attrait réside du côté des spectateurs. Imaginez d'ailleurs ce qui reste en dernière analyse des tours de dislocation des gymnasiarques, ballets, fumée de tabac, chiens savants, toilettes cascadeuses, pantomimes, grogs américains, pale-ale et musique.... je me déclare absolument impuissant à en rendre compte.

Il faut, du reste, convenir que les diversions de tout genre ne manquent pas, même aux spectacles qui se piquent d'exhiber des sujets graves, du drame par exemple. Ainsi, *la Haine*, à la Gaîté, qui est après tout, un drame où les situations ne manquent pas, offre à l'œil trop de d cors et de mise en scène, et à l'oreille un tapage continuel de batailles et de cris de guerre. Il faut y médter après la représentation et l'on trouve alors que le sujet du drame ressemble à un lézard emprisonné dans le squelette d'un crocodile.

Mais, nous le répétons, l'œuvre de M. Sardou ne se fera point de suite oublier, et sans présenter à nos yeux l'intérêt de *Patrie*, elle mériterait de tenir longtemps l'affiche du théâtre des Arts-et-Métiers.

Au sortir de la *Boule*, il faut prendre l'air. MM. Meilhac et Halévy semblent avoir pris à tache de rendre malade d'un lou rire leurs nombreux spectateurs. Aucun qualificatif ne peut rendre le comique de la situation.

Geoffroy y est délicieux.

Ces deux pièces, ainsi que le *Tour du monde* et la reprise du *Domino noir* à l'Opéra-Comique, font la fortune des spéculateurs en billets loués, qui vendent cher leurs places à un public avide. Car à cette époque lugubre de l'année, où le jour ne semble se lever qu'à la lueur des becs de gaz, chacun s'attache à faire disparaître par une bonne soirée, la mélancolie de la journée.

La rigueur de l'hiver et le peu de poésie de la neige fondante ne sont pourtant pas un obstacle à la fréquentation des solennités diurnes ; c'est ainsi qu'hier les abords de l'Institut présentaient aux regards le spectacle d'un encombrement insolite à l'occasion de la réception de M. Mezières.

M. Mézières qui a publié en sa double qualité de littérateur et de messin les *récits de l'invasion*, fait à la Sorbonne le cours de littérature étrangère , il traite cette année du roman en Angleterre après Walter-Sott, M. Mézières collabore aussi à la rédaction du *Temps*.

Nous aurons dans le mois de janvier la réception de M. Caro qui enseigne la philosophie à la Sorbonne et s'occupe cette année de la *destinée humaine* et ensuite celle d'Alexandre Dumas, qui présentera à coup sûr le plus vif intérêt. Nous ne saurions trop recommander à nos lecteurs de lire le discours de M. Mézières sur M. Saint-Marc Girardin.

Il importe en effet, que le souvenir de l'homme politique n'absorbe pas à lui seul la valeur de l'éminent critique.

Peut-être, pensera-t-on comme nous qu'il eut mieux valu que les luttes parlementaires n'aient point passionné l'auteur de l'*essai sur l'art dramatique*.

Que de victimes la politique laisse dans le monde des lettres ! Voyez plutôt le sort de M. Beulé, songez à sa triste fin et mettez en présence de ces sombres souvenirs le mérite incontesté du savant et du professeur.

Nous serions bien tentés à ce propos, de parler d'un autre professeur qui voulut être ministre, le fut en effet, et ne l'est plus, sans espérance d'ailleurs de le redevenir un jour. Celui-là n'a ni blanchi, ni maigri, et la mélancolie ne semble point jusqu'ici le dominer.

Le procès d'Arnim continue à défrayer toutes les conversations, et les véritables patriotes semblent s'être donné le mot pour n'en tirer aucun argument favorable ou défavorable aux différentes opinions qui divisent notre pays.

Telle doit être en effet, notre attitude.

La défense de nos opinions en politique est un droit qui ne peut être exercé qu'avec les bénifices de la liberté et ne saurait par conséquent s'inspirer des théories de nos adversaires.

Vis-à-vis de l'étranger il n'existe en France que des citoyens profondément unis et disposés à embrasser la même cause, — nos divisions intérieures n'entraineront jamais une scission.

Nous n'attendions pas moins des hommes de cœur qui repoussent l'appui de l'Allemagne pour consolider leurs idées : l'éloge ou le blâme de nos ennemis peut aux yeux des allemands présenter quelque utilité, quelque avantage ; pour tout bon français, ce sont choses accessoires et indifférentes.

On s'entretient aussi de l'attitude du centre gauche que le centre droit essaie par tous les moyens d'appeler à lui, puis on parle,—mais rarement—de M. de Broglie et de ses espérances — et l'on s'arrête surtout aux étalages de librairie pour admirer les belles reliures des livres d'étrennes de cette année.

Encore quelques jours, les marrons glacés et les bonbons feront momentanément oublier la politique.

D'ailleurs la faute en est à l'assemblée nationale qui se fait toute petite et essaie de passer inaperçue, afin que ses querelles ne nuisent pas à la vente des fruits confits et des jolies bonbonnières du jour de l'an.

Vous me croirez, chers lecteurs, — ou vous ne me croirez pas ; mais des gens très-sérieux prétendent que l'aigreur des débats parlementaires réussit à faire le vide chez les confiseurs.

Heureux députés ! nous vous remercions de cette concession aux nécessités du moment.

Qui donc oserait dire maintenant, que tous les groupes de la Chambre ne se rendent pas un compte exact des besoins du pays ?

SPECTATOR.

Paris, le 18 decembre 1874.

DISCOURS

Prononcé par M. Victor de Swarte

LE 14 OCTOBRE 1874

*aux funérailles de M. Victor Fleury, rédacteur
en chef, propriétaire du Mémorial artésien.*

Messieurs,

Avant que la terre nous dérobe à jamais la
dépouille de celui que nous pleurons, permet-
tez-moi de vous rappeler en quelques mots la
simplicité du cœur, l'élévation du caractère de
notre ami Victor Fleury.

Si cette mort a été pour notre cité un deuil
si les yeux se voilaient de larmes, lorsque
de rues en rues se répandait la sinistre
nouvelle : Fleury se meurt ! Fleury est mort !
n'allez pas, Messieurs, chercher bien loin
la cause de cette douleur ! C'était le cri dé-
sespéré poussé par tous ceux qui ont été les
témoins de son zèle, de sa constante et ar-
dente charité.

Il semblait que le cœur de la cité eut cessé de battre lorsque son cœur se fût refroidi ; c'est qu'en effet après le culte de sa famille qui était pour lui le premier souci, l'amour de sa ville natale le poussait à tous les sacrifices, à tous les labeurs, dans ces luttes quotidiennes de la presse, qui pour être pacifiques n'en sont pas moins souvent si pénibles et si délicates.

Vous souvient-il, messieurs, lorsque le chef de son honorable famille fut conduit par vous dans ce jardin de la mort, où nos mains disposent des fleurs pour dissimuler notre amertume ? Ce jour-là même, celui que nous pleurons recevait le testament à suivre d'une vie toute d'honneur et d'abnégation. Pouvait-on mieux trouver, je vous le demande, pour accepter et remplir cette lourde tâche ? Notre ami ne s'est-il pas montré le digne et fidèle héritier des vertus de son père ?

Ce qui distinguait en effet Victor Fleury, ce qui le désignait au premier abord à tous les cœurs élevés, c'était une inaltérable franchise jointe à l'aménité la plus constante dans ses relations ; oui, famille éplorée, jamais un deuil n'a fait verser de larmes aussi légitimes, car celui que vous pleurez était par dessus tout un homme de cœur. Certes, ce n'est pas moi qui voudrais m'efforcer de diminuer l'immensité de votre chagrin, il peut vous être doux d'avoir vu dans cette triste cérémonie nos rangs pressée et nombreux ; mais votre douleur n'est point de celles qui acceptent de consolations.

A tout instant du jour, comme un exemple qui vous est proposé, son souvenir vous suivra et vous vivrez avec lui de cette vie nouvelle du souvenir, la seule qui puisse désormais demeurer votre partage.

Non, mes chers et pauvres amis, ce qui aime en nous, ce qui s'élève au-dessus de toutes les considérations terrestres, ne peut périr avec la cessation de la vie ; le sentiment si délicat qui vous unissait n'est point mort, sa manifestation a bien, il est vrai, changé de forme, mais sa réalité subsistera à jamais dans vos cœurs déchirés.

Songez, en répandant vos larmes aux grandes douleurs de la Patrie, rappelez-vous cette année funeste où la mort bondissait sur les champs de bataille moissonnant dans notre pauvre France le printemps de nos plus vives affections ! Souvenez-vous alors des angoisses patriotiques qui envahissaient le cœur de notre cher et regretté Victor Fleury, lorsque chaque matin un désastre nouveau s'annonçait, comme si notre gloire et notre honneur ne devaient plus trouver de lendemain.

A ce moment solennel, il adopta la ligne de conduite qu'il suivit dès lors avec ardeur et conviction, rempli d'une foi sincère et inaltérable.

Unissons donc aujourd'hui notre tristesse sur son tombeau, en nous rappelant les larmes qu'il versait en parlant des malheurs de la Patrie et du haut du nouveau séjour où Dieu l'a appelé il nous remerciera d'avoir choisi ses fleurs préférées pour lui tresser une couronne mortuaire.

Adieu, mon pauvre Victor, mon second frère, tendre et dernière affection qu'il me faut aussi confier à la terre ! adieu, Français, plein de foi en ton pays ! adieu, ami loyal et dévoué ! frère chéri, fils aimant, adieu !

TABLE DES MATIÈRES